VIVE BOUCHON!

Jean DELL et Gérald SIBLEYRAS

Editions ART ET COMÉDIE
3 rue de Marivaux
75002 PARIS

Tous droits de reproduction, d'adaptation
et de traduction réservés pour tous pays
ISBN : 2-84422-537-3
© Editions théâtrales ART ET COMÉDIE 2006

Cet ouvrage est réalisé avec le soutien de la SACD

SACD
Société des
auteurs et
compositeurs
dramatiques

VIVE BOUCHON!

Création au Théâtre Michel à Paris en juillet 2006

Avec

Jean-Luc Porraz
Guilhem Pellegrin
Christiane Bopp
Guillaume Bouchède

Mise en scène : Jean-Luc Moreau
assisté d'Anne Poirier-Busson

Décor : Charlie Mangel
Costumes : Christine Bernadet
Lumières : Valérie Allouche
Musique : Sylvain Meyniac

Une production Étienne de Balasy

LES AUTEURS

Jean Dell

AU THÉÂTRE

En 1995, *Sacré Nostradamus* au Théâtre des Mathurins, mise en scène de Gérard Caillaud.

À LA TÉLÉVISION

En 1988, *Drôle d'histoire*, série TF1.

À LA RADIO

En 1993, *Les grosses têtes*, auteur et interprète de sketches pour l'émission de Philippe Bouvard.

En 1997, *Tous aux abris*, auteur de chroniques pour l'émission de Claude Villers sur France Inter.

En 1998, *Curriculum vite fait*, auteur de chroniques et portraits d'hommes politiques pour l'émission de Serge Fournel sur France Inter.

Gérald Sibleyras

AU THÉÂTRE

En 1999/2000, *Le béret de la tortue*, co-écrite avec Jean Dell. Créée au Théâtre Splendid Saint-Martin.

En 2002/2003, *Un petit jeu sans conséquence*, co-écrite avec Jean Dell. Créée au Théâtre La Bruyère. Neuf nominations aux Molières 2003, dont celui de Meilleur Auteur. Cinq Molières, dont celui de Meilleure Pièce. Produite dans une dizaine de pays.

En 2002/2003, *Le vent des peupliers*. Créée au Théâtre Montparnasse, avec Georges Wilson, Maurice Chevit, Jacques Seyres. Quatre nominations aux Molières 2003 dont celui du Meilleur Auteur. Lauréat du Laurence Olivier Award For Best Comedy à Londres en 2006. Produite dans une quinzaine de pays.

En 2004, *L'Inscription*. Créée au Petit Montparnasse. Trois nominations aux Molières 2004 dont celui de Meilleur Auteur. Produite dans une dizaine de pays en Europe.

En 2005, *Une heure et demie de retard*. En collaboration avec Jean Dell. Création au Théâtre des Mathurins. Mise en scène de Bernard Murat avec Patrick Chesnais et Evelyne Buyle. Production notamment en Italie (Stefania Sandrelli) et en Grande-Bretagne (Mel Smith).

En 2006, *La danse de l'albatros*. Créée au Théâtre Montparnasse.

À LA RADIO

En 1996-1997, *Tous aux abris*, chroniqueur pour l'émission de Claude Villers sur France Inter.

En 1998, *Curriculum vite fait*, chroniqueur pour l'émission de Serge Fournel sur France Inter. *J'y vais comme ça ou j'mets ma veste*, producteur, animateur et auteur pour une émission hebdomadaire sur France Inter.

PERSONNAGES

JACQUES, maire de Bouchon
NICOLAS, frère de Jacques
ODETTE, secrétaire de Jacques
ROBERT, fonctionnaire de l'Union européenne

DÉCORS

- Le bureau défraîchi du maire de Bouchon. En fond de scène : un grand balcon. Côté jardin, la porte d'entrée. Côté cour, le bureau du maire.
- Un bureau moderne au siège de l'Union européenne, à Bruxelles.

SCÈNE 1

Le maire, Jacques, est en survêtement. Il a une casquette en arrière et une batte de base-ball à la main.

ODETTE - Bonjour monsieur le maire.

JACQUES - Bonjour Odette.

ODETTE - Vous avez bien dormi, monsieur le maire ?

JACQUES - Non, je suis crevé. J'ai essayé de casser la vitrine du boulanger toute la nuit.

ODETTE - Encore ?

JACQUES - Oui, mais cette fois j'y suis pas arrivé. Qu'est-ce qu'il nous fait Jean-Luc ? Pourquoi il a mis une vitrine blindée ?

ODETTE - Peut-être qu'il en avait marre de la changer.

JACQUES - C'est la seule vitrine à Bouchon. Faut bien casser quelque chose. Si je peux plus casser de vitrine, vous savez ce qui se passe ? On perd les subventions de Bruxelles pour les quartiers en difficulté. Qu'est-ce qu'il s'imagine Jean-Luc ? C'est les subventions qui le font vivre lui aussi. « Maintien des petits commerces en zone sinistrée » : trois cent mille euros par an. C'est pas en vendant deux miches par mois qu'il va les gagner. Il y a pas de loubards à Bouchon, il faut bien que quelqu'un fasse le travail.

ODETTE - Vous pourriez peut-être casser autre chose que la vitrine du boulanger ?

JACQUES - Quoi ? La gare ? Elle est désaffectée. La poste ? Elle a été supprimée. Et les bus, il y en a jamais eu. Alors quoi ? Taguer les murs, ça suffit pas, Odette. Pour obtenir des aides, faut casser. Si Bruxelles vient vérifier pourquoi on touche ces subventions, on aura l'air minable comparé aux quartiers nord de Marseille ou à la banlieue parisienne. La concurrence est dure, Odette, dans le secteur des banlieues chaudes. Il y a des vraies bandes, des vrais méchants. C'est pas le maire qui fait des rodéos en voitures volées dans les rues ! Non ! Le maire, il fait construire des centres culturels que les casseurs détruisent le lendemain de l'inauguration. On n'a pas ces moyens-là, nous. Moi, quand j'ai besoin de voler une bagnole, je prends la mienne. Faut qu'il coopère, Jean-Luc, sinon je signe un arrêté qui interdit les vitrines blindées... et les boulangeries.

ODETTE - Vous, vous êtes de mauvaise humeur.

JACQUES - Ben oui, Odette. Je porte ce village à bout de bras et, par moments, je me sens un peu seul. Certains oublient vite que sans les subventions européennes, on crève... Vous avez réfléchi à ce que je vous ai demandé hier ?

ODETTE - Oui, monsieur le maire. Je pourrai jamais.

JACQUES - Odette, c'est pas le bout du monde, je vous demande juste de faire le mouton.

ODETTE - Je pourrai jamais faire le mouton.

JACQUES - Il s'agit pas de « faire » le mouton, je vous compte comme mouton.

ODETTE - Vous m'avez déjà comptée comme veau l'année dernière.

JACQUES - Et vous étiez formidable. Grâce à vous, on a décroché la subvention européenne pour les élevages d'ovins. Cette année, on demande le mouton. J'ai besoin de trois cents têtes, vous pouvez bien en faire une.

Odette - Et si y a un contrôle ?

Jacques - Je dirai que les loubards de la ZUP ont fait un grand méchoui.

Odette - C'est risqué tout ça quand même.

Jacques - On n'a pas le choix, Odette. Il n'y a pas d'industries, il n'y a pas de commerces, il n'y a pas d'activité économique à Bouchon. Il n'y a rien. Que les subventions.

Odette - Ça n'a pas toujours été comme ça. Avant, il y avait la fabrique de cache-pot.

Jacques - Ah ! la fabrique de cache-pot ! Mais c'est fini, ça, Odette. Qu'est-ce que vous voulez ? Les gens cachent plus leurs pots, on peut pas les obliger. Aujourd'hui, l'usine est fermée. Alors, il faut se débrouiller autrement. Vous savez ce que c'est ça ? *(Il désigne une plante verte.)* Ça c'est dix millions d'euros par an… en Guadeloupe. Parce que je sais pas combien Bruxelles va donner pour la banane bouchonne. C'est un bananier.

Odette - On va produire des bananes ?

Jacques - « Vous » allez produire des bananes. Je vous ai mis à la tête de cent cinquante hectares. Je viens d'envoyer, en votre nom, la demande d'aide à la production.

Odette - Et vous croyez qu'on va l'obtenir ?

Jacques - Vous connaissez les fonctionnaires de Bruxelles, ils sont pointilleux, et avant de cracher leurs millions ils voudront voir la première récolte… C'est pour ça que si vous pensez à l'arroser de temps en temps…

Odette *(rêveuse devant le bananier)* - Dix millions… Je vais chercher de l'eau.

JACQUES - Et vous n'oubliez pas notre réunion tout à l'heure. *(Odette sort. Un ballon entre dans la pièce par la fenêtre. Il le prend et passe la tête par la fenêtre.)* Il est interdit de jouer au ballon contre le mur de la mairie ! Je l'ai dit cent fois ! Vous êtes bien avancés maintenant ! Toi… Oui, toi le grand, là, viens le chercher. *(Au bout de quelques secondes, on frappe.)* Entre ! *(Un homme adulte entre. Il est habillé en écolier : culottes courtes et cartable à dos.)* Tu viens chercher ton ballon ?

NICOLAS *(un peu énervé)* - Oui.

JACQUES - Quoi ? Qu'est-ce qu'il y a encore ?

NICOLAS - Jacques… J'aimerais bien que tu me parles autrement devant les gosses. Après tout je suis ton frère. Déjà que j'ai l'air d'un con comme ça…

JACQUES - Tu es très bien.

NICOLAS - Non, écoute, c'est pas facile… Et en plus j'ai froid. Tu te rends compte de ce que tu me demandes ?

JACQUES - J'y suis pour rien, il faut quatre enfants scolarisés sinon l'école de Bouchon ferme. Tu peux bien rester en CM1 pendant un an !

NICOLAS - Un an ? Je croyais que je faisais juste la rentrée !

JACQUES - On peut avoir un inspecteur à tout moment. Et puis l'école est obligatoire, je te le rappelle.

NICOLAS - Et l'année prochaine, je fais quoi ?

JACQUES - CM2 si tu redoubles pas ! Tu comprends bien que c'est pas pour moi que je t'envoie à l'école. C'est pour le village que tu fais ça, pour les générations futures de Bouchonnais.

NICOLAS - Générations futures, tu parles ! Ça fait des années qu'il n'y a pas eu de naissances !

Jacques - Comment tu peux dire ça ? Il y en a encore eu une la semaine dernière.

Nicolas - Une oie.

Jacques - Et alors ? Ça peut donner des idées.

Nicolas - À qui ?

Jacques - Oh là là ! Qu'est-ce qu'il se passe ? C'est à l'école que ça va pas ? T'as eu une mauvaise note ?

Nicolas - Arrête, je suis pas d'humeur.

Jacques - Nicolas, je peux pas passer mon temps à te remotiver. Tu sais bien qu'on n'a pas le choix. Bouchon est notre village, on ne peut pas le laisser mourir.

Nicolas - Je te signale que je m'habille en douze ans, que je mange des lentilles à la cantine tous les midis et que je joue à la Gama Boy. Il me semble que mon dévouement n'est pas à remettre en cause.

Jacques - Oui, mais tout ça est fait sans enthousiasme, je le sens bien. J'ai besoin de toi, Nicolas. Parfois j'ai l'impression d'être tout seul. Tu crois que ça m'amuse de taguer toutes les nuits les murs du village ?

Nicolas - D'ailleurs, je les comprends pas tes tags. Ça veut dire quoi « nique les vitrines blindées » ?

Jacques - Je te demande trois ans, Nicolas. Tiens le coup encore trois ans… Jusqu'en cinquième.

Nicolas - Pourquoi ? Qu'est-ce qui va se passer dans trois ans ?

Jacques - Je crois que j'ai la solution pour désenclaver définitivement Bouchon.

Nicolas - Tu vas refaire le terrain de boules ?

JACQUES - Mieux que ça. C'est encore secret, mais t'es un grand garçon maintenant, à toi je peux le dire… C'est une sortie d'autoroute.

NICOLAS - Une sortie d'autoroute, comme ça, toute seule ?

JACQUES - Une vraie sortie d'autoroute, avec une autoroute de chaque côté. Je t'explique. Bruxelles a le projet de construire un grand axe européen : Mourmansk-Gibraltar.

NICOLAS - Je me rends pas compte.

JACQUES - Je vais te montrer. T'as ton livre de géo ? *(Nicolas se retourne et désigne son cartable à dos. Jacques ouvre le cartable et fouille. Il en sort un paquet de cigarettes.)* Dis donc, qu'est-ce que c'est que ça ?

NICOLAS - Ben, c'est mes clopes.

JACQUES - Tu fumes ?

NICOLAS - C'est pour un exposé.

JACQUES - Tu me prends pour un con ? *(Il montre une canette de bière.)* Et ça c'est quoi ?

NICOLAS - Touche pas, c'est mon goûter !

JACQUES *(prenant le livre)* - C'est le bordel dans ton cartable… Alors, regarde. Ça c'est le trajet de la future autoroute : elle part de Mourmansk, elle passe par Saint-Pétersbourg, Varsovie, Berlin, Bruxelles, Paris, Bouchon – c'est nous –, Madrid et Gibraltar.

NICOLAS - Oh ! la vache !

JACQUES - Le plus grand axe européen jamais construit.

NICOLAS - Et qui va passer par Bouchon !

JACQUES - À cinq kilomètres. J'ai demandé à Bruxelles de prévoir une sortie « Bouchon centre ».

NICOLAS - Et ils ont accepté ?

JACQUES - Pas encore, j'attends la réponse.

NICOLAS - Et s'ils refusent ?

JACQUES - J'ai tout prévu. J'ai aussi demandé « Bouchon nord » et « Bouchon sud ».

NICOLAS - T'es optimiste. Tu crois qu'il y aura beaucoup d'automobilistes qui partiront de Saint-Pétersbourg pour se rendre à « Bouchon centre » ?

JACQUES - Dis donc, tu pourrais travailler à Bruxelles avec ce genre de raisonnement ! Je vois pas au nom de quoi on priverait les Mourmanskais ou les Saint-Pétersbourgeois qui partent en week-end du plaisir de découvrir le Bouchonnais.

NICOLAS - Il est pas question de les en priver, mais pourquoi ils viendraient ?

JACQUES - On trouvera. Pour l'instant, c'est confidentiel, t'en parles à personne. T'es le seul à être au courant avec Odette.

Odette entre avec un arrosoir.

ODETTE - Eh ben, qu'est-ce qu'il fait là ? Il est pas à l'école ?

NICOLAS - Si, si, il y va, il y va…

JACQUES - Pour l'autoroute, motus. Non, parce que je sais ce que c'est : dans la cour avec les copains, on bavarde et…

NICOLAS - T'inquiète pas.

Nicolas sort.

ODETTE - Il est mignon.

JACQUES - Vous avez préparé la réunion, Odette ?

ODETTE *(arrosant le bananier)* - Oui, monsieur le maire.

Jacques - Alors on peut commencer. *(Ils s'assoient, comme pour une réunion. Ils ouvrent chacun un dossier. Une fois que tout le monde est prêt, il commence.)* Alors, quoi de neuf à Bouchon ?

Odette - Rien.

Jacques - Rien ?

Odette - Non.

Jacques - Bon, ben, notre réunion est terminée alors.

Chacun referme son dossier.

Odette - Très bien, monsieur le maire.

Jacques - Vous me ferez un petit compte rendu.

Odette *(lui tendant une feuille blanche)* - Tenez.

Jacques la regarde des deux côtés.

Jacques - Ça me paraît clair. Bon… *(Il sort son écharpe de maire. Odette l'aide à la mettre.)* Merci Odette. Dites-moi, à votre avis, qu'est-ce qui pourrait faire venir des touristes à Bouchon ? Des milliers de touristes.

Odette - Un instinct suicidaire, une furieuse envie d'en finir… ou une erreur d'orientation.

Jacques - Non, ce qui fait venir les touristes, c'est des grottes préhistoriques, des églises romanes, des musées, mais on n'en a pas.

Odette - La mer !

Jacques - Elle est à trois cent cinquante kilomètres.

Odette - Ah oui ! Ça ferait une trop grande plage… Non, ce que les gens aiment, ce sont les grandes chutes d'eau. Regardez le Niagara.

Jacques - Pour ça il faut un dénivelé, Odette. Vous comprenez, ça ne suffit pas d'avoir une sortie d'autoroute, il faut donner aux gens une bonne raison de l'utiliser. Et franchement, Odette, pourquoi on viendrait à Bouchon ?

ODETTE - Pour voir la chute d'eau.

JACQUES - À Cambrai ce sont les bêtises, à Ambert la fourme, à Paris le chantier du tramway, mais à Bouchon ?

ODETTE - L'ennui.

JACQUES - C'est moins vendeur. Le jour où l'autoroute sera construite, il faudra réfléchir à tout ça. *(Ils s'approchent de la fenêtre.)* Bon, vous êtes prête ?

ODETTE - Prête. J'y vais ?

Jacques regarde sa montre.

JACQUES - Non, encore trois secondes... Allez-y.

Odette, à la fenêtre, imite le bruit de la sirène d'alerte aérienne.

ODETTE - Huuu...

JACQUES - Encore un petit coup...

ODETTE - Huuu...

JACQUES - Très bien. Odette, je tiens à vous dire que depuis la panne de la sirène, la mairie vous est reconnaissante de votre disponibilité tous les premiers mercredis du mois à midi.

ODETTE - C'est un devoir. Mais, à chaque fois, ça me rappelle la guerre.

JACQUES - Vous l'avez pas connue.

ODETTE - Je vous signale que je touche une pension d'ancien combattant, quand même.

JACQUES - Ça c'est autre chose, Odette. La municipalité n'a pas les moyens de vous payer, il a bien fallu vous trouver un salaire.

Vous touchez sept cents euros par mois pour avoir perdu une jambe à Monte Cassino. C'est quand même pratique.

ODETTE - Oui, mais ça m'oblige à avoir quatre-vingt-deux ans sur mes papiers.

JACQUES - Et alors ?

ODETTE - Je me demande si une octogénaire unijambiste qui fait le veau une fois par an peut commencer une exploitation bananière.

JACQUES - J'ai pleinement confiance en vous, Odette.

ODETTE - C'est maman qui aurait dû toucher cette pension de guerre.

JACQUES - Pourquoi ? Elle a fait de la résistance ?

ODETTE - Vous savez bien, elle a caché un aviateur américain qui était tombé dans son jardin.

JACQUES - Il est tombé le 7 mai 45, c'est lui qui a appris aux Bouchonnais qu'on était en guerre. Les Allemands ne sont pas venus, ils n'ont jamais trouvé le village.

ODETTE - Et alors ? Elle l'a caché jusqu'à fin septembre.

JACQUES - Fin septembre 1960. Ça ressemble plutôt à de la séquestration. Qu'est-ce qu'elle en a fait pendant tout ce temps de son Américain ?

ODETTE - « I don't know » !

Une sonnerie sourde de téléphone se fait entendre.

JACQUES - Chut…

ODETTE - Qu'est-ce que c'est ?

JACQUES - Vous entendez ?

ODETTE - Oui, on dirait un grillon. Un grillon malade. J'ai peur, monsieur le maire.

Jacques - Chut... Ça vient de là... Éloignez-vous, Odette. *(Il ouvre un placard.)* C'est un fax, Odette ! On reçoit un fax !

Odette - C'est formidable ! Je savais même pas qu'on en avait un.

Jacques - Deux pages, Odette... non, trois !

Odette - Han ! Des triplés ! Félicitations, monsieur le maire.

Jacques - C'est Bruxelles ! C'est la réponse pour l'autoroute !

Odette - Han !

Odette saute par la fenêtre.
Jacques prend calmement le fax.

Jacques *(très calme)* - Odette ?... Odette ?...

Entrée de Nicolas.

Nicolas - Fais attention. Elle a failli m'écraser.

Jacques - T'es pas à l'école ?

Nicolas - Non, il y a gym et j'ai pas mes affaires. T'avais laissé la fenêtre ouverte ?

Jacques - Je peux pas penser à tout.

Nicolas - Tu sais bien qu'à la moindre émotion, elle saute.

Jacques - Et alors ? Elle se retourne comme les chats.

Nicolas - Moi, ça me fait peur à chaque fois. Qu'est-ce qui s'est passé ?

Jacques - On a reçu un fax de Bruxelles.

Entrée d'Odette.

Nicolas - Ça va, Odette ?

Odette - J'arrose ma bananeraie et je suis à vous.

JACQUES - Tu vois, elle va bien.

NICOLAS - Alors c'est quoi ce fax de Bruxelles ?

Odette et Nicolas s'installent face à Jacques qui lit le fax.

JACQUES - « Monsieur le maire de Bouchon, nous avons le plaisir de vous informer que la commission européenne chargée de la construction de l'axe Mourmansk-Gibraltar a bien reçu votre demande concernant les trois sorties : "Bouchon nord", "Bouchon centre" et "Bouchon sud". »

ODETTE - Ça commence bien, ils ont reçu notre demande.

JACQUES - Je continue : « Veuillez nous excuser pour cette réponse tardive, mais nous avons eu le plus grand mal à localiser votre commune. En effet, à notre connaissance, aucune carte, même les plus détaillées, ne mentionne son existence. Les photos aériennes les plus précises ne nous furent d'aucun recours, Bouchon se trouvant manifestement dans une zone non balayée par les satellites, dite « zone d'ombre ». C'est donc au hasard que nous envoyons un fonctionnaire de nos services errer dans la zone d'ombre, en espérant qu'il tombe sur votre lieu-dit Bouchon. » Ça y est, ils s'intéressent à nous !

ODETTE - On a gagné !

NICOLAS - On a gagné quoi, Odette ?

ODETTE - On a gagné un fax !

JACQUES - Mais c'est formidable, Nicolas ! S'ils envoient quelqu'un, c'est que le principe d'une sortie d'autoroute est accepté. C'est la solution à tous nos problèmes !

NICOLAS - T'as pas peur qu'il découvre l'escroquerie ?

JACQUES - L'escroquerie ? Odette, il y a des escrocs ici ?

ODETTE *(regardant autour d'elle)* - À part nous…

Nicolas - Il va se rendre compte qu'on a touché de l'argent pour rien. Les cinq cents têtes de bétail, la bananeraie, l'école, les délinquants... On n'a rien de tout ça.

Jacques - Il ne vient pas visiter la région, il vient pour le projet d'autoroute.

Odette - De toute façon, qu'est-ce qu'on a fait de mal ?

Nicolas - On a détourné des millions.

Odette - D'accord, mais qu'est-ce qu'on a fait de mal ?

Jacques - Odette a raison, au fond... C'est pas si dramatique. En fait on a anticipé sur le développement de Bouchon.

Nicolas - C'est-à-dire ?

Jacques - C'est-à-dire qu'en demandant cet argent, on a prouvé qu'on était capable de mener dans cette région une politique dynamique de... de...

Nicolas - ... de détournements de subventions.

Jacques - Bon, écoute, on lui expliquera que ces subventions, c'est comme un à-valoir.

Nicolas - Un à-valoir, ça se rembourse.

Jacques - Bon, alors le terme est mal choisi, c'est pas un à-valoir... Non, ce qu'il faut, c'est l'occuper, distraire son attention.

Nicolas - Comment ?

Jacques - En lui demandant encore plus d'argent pour un projet encore plus ambitieux !

Nicolas - Propose-lui de construire un port pendant que tu y es !

Jacques - Un port ? Mais non, Nicolas ! Il faut rester dans le crédible.

Nicolas - Alors quoi ?

Jacques - T'inquiète pas, je trouverai.

Nicolas - En attendant, Odette, il va falloir jouer serré.

Odette - Très bien ! Qui commence ?

Nicolas - Non, quand le fonctionnaire sera là, il faudra faire très attention à ce qu'on dit. Surtout ne pas se trahir. Si jamais il découvre nos magouilles, on est foutu.

Jacques - Nicolas a raison, ne prenons pas de risque. Ce serait trop bête de louper la sortie d'autoroute.

NOIR

SCÈNE 2

Odette arrose son bananier. On frappe à la porte. Elle s'interrompt, intriguée par ce bruit. On frappe encore, ce qui lui permet de comprendre que c'est bien à la porte que l'on frappe. Elle colle son oreille, puis frappe à son tour comme pour répondre à celui qui est derrière la porte.

Odette - Il essaie de me dire quelque chose… *(Elle frappe de longues séquences, comme un message en morse. Derrière la porte, le visiteur s'impatiente et frappe plus fort. Il finit par ouvrir la porte brusquement et entre.)* Han… Vous m'avez fait peur !

Robert - Enfin, mademoiselle, ça fait une heure que je frappe !

ODETTE - Moi aussi.

ROBERT - Pourquoi vous ne m'avez pas ouvert ?

ODETTE - Je débute en morse, j'avais pas compris que vous vouliez entrer.

ROBERT - Bon... Est-ce que monsieur le maire est là ?

ODETTE - C'est à quel sujet ?

ROBERT - Robert Flapi, fonctionnaire de l'Union européenne.

ODETTE - Han !

Odette saute par la fenêtre. Robert reste interdit.
Nicolas entre, toujours en tenue d'écolier.

ROBERT - Ah ! mon petit, va tout de suite prévenir quelqu'un ! Une jeune femme vient de sauter par la fenêtre !

NICOLAS - Ah oui ! C'est Odette. Ne vous inquiétez pas, elle a l'habitude. À la moindre émotion, elle saute.

ROBERT - C'est très handicapant.

NICOLAS - Non, elle se retourne comme les chats. Vous allez voir, elle va remonter dans cinq minutes.

ROBERT - Dis-moi, mon petit, tu sais où est le maire ?

NICOLAS - Non... Vous êtes le fonctionnaire de l'Union européenne ?

ROBERT - Robert Flapi. Bonjour mon p'tit.

NICOLAS - M'sieur ! Vous arrivez de Bruxelles ?

ROBERT - Non, de Strasbourg.

NICOLAS - Ah ! vous êtes à Strasbourg !

ROBERT - Mon bureau est à Strasbourg, les réunions à Bruxelles et la cafétéria au Luxembourg.

Nicolas - Ça vous oblige à bouger beaucoup.

Robert - Non. La cafétéria n'est pas si grande.

Nicolas - Et vous avez trouvé facilement ? Vous êtes passé par où ?

Robert - Je me suis perdu.

Nicolas - Ouais, jusque-là c'est bon.

Robert - Après j'ai erré à travers champs...

Nicolas - Hum... hum...

Robert - Et je sais pas comment, par hasard, je suis finalement arrivé ici.

Nicolas - Oui, il n'y a pas plus court, c'est la seule façon de venir à Bouchon. Et vous venez pour quoi m'sieur ?

Robert - Tu ne comprendrais pas, ce sont des problèmes administratifs. C'est des choses de grands.

Nicolas - Hum... hum...

Robert - Dis-moi, tu as quel âge ?

Nicolas - Trente-cinq ans.

Robert - Trente-cinq ans ? Mais tu es dans quelle classe ?

Nicolas - CM1.

Robert - Tu es très en retard !

Nicolas - Oh ! vous savez, une mononucléose à huit ans, une mauvaise angine l'année suivante, on a du mal à rattraper le retard, on redouble, on redouble et on se retrouve en CM1 à trente-cinq ans ! Ça peut arriver à tout le monde.

Robert - Tout de même... Mais cette année tu as bon espoir de passer en CM2 ?

Nicolas - Oui. Je suis dans les quatre premiers.

Robert - Tant mieux. Je vois que la relève est assurée à Bouchon. *(D'un geste affectueux, il lui décoiffe la tête.)* Hein, p'tit bonhomme !

Entrée de Jacques.

Nicolas - Ah ! voilà monsieur le maire !

Jacques - Monsieur…

Robert - Robert Flapi, de l'Union européenne.

Jacques - Ah ! d'accord !… Je comprends mieux pourquoi Odette a sauté… Cher monsieur, je suis ravi et honoré de vous accueillir à Bouchon. Vous avez trouvé facilement ?

Robert - Je me suis perdu.

Jacques - Je le vois bien puisque vous êtes là. Asseyez-vous, je vous en prie. Je peux vous dire qu'on vous a attendu.

Robert - Je peux vous dire que je vous ai cherché.

Jacques - J'imagine que vous êtes là pour la sortie d'autoroute.

Robert - Entre autres, oui.

Jacques - Et l'autoroute, ça n'est qu'un début !

Robert - Ah bon ?

Jacques - J'ai pour cette région un projet beaucoup plus ambitieux. Est-ce que je peux me permettre de vous l'exposer ?

Robert - Avec joie !

Jacques sort un plan qu'il déroule devant Robert.

Jacques - Voilà !

Robert - Qu'est-ce que c'est ?

Jacques - Un port !

Robert - Un port ?

Nicolas - Un port !

Jacques - Enfin, une zone portuaire pour être précis.

Robert - Voilà ce que j'appelle de l'ambition ! Vous êtes à combien de la mer ?

Nicolas - Trois cent cinquante kilomètres.

Robert - Ah ! quand même !

Jacques - J'ai bien étudié la question, c'est précisé dans le dossier. Il faut creuser un canal.

Robert - Ou deux !

Jacques - Ou deux, bien sûr, c'est encore plus pratique : un pour l'aller, un pour le retour.

Robert - Et même un troisième !

Jacques - Pourquoi ?

Robert - Pour rien ! Un troisième, comme ça, pour le plaisir.

Jacques - Ah ! ça, j'aime ça ! *(À Nicolas.)* Voilà, Nicolas, j'aime ça, une Europe ambitieuse, entreprenante, à l'écoute des projets de région… Alors, ils arrivent quand ces crédits ?

Robert - Mais très vite. Il faut combien de pelles pour creuser le canal ?

Jacques - On n'en est pas là… Je reconnais bien les technocrates de Bruxelles, hein… Vous, vous êtes dans les bureaux, pas vraiment en prise avec la réalité des choses. Vous imaginez bien qu'il va falloir loger les ouvriers, les ingénieurs, les secrétaires…

Robert - Évidemment, la main-d'œuvre.

Jacques - Exactement, la main-d'œuvre ! Mais on veut que les gens se sentent bien à Bouchon, c'est pourquoi on a imaginé une vaste zone pavillonnaire… *(Il déroule un autre plan quatre fois plus grand.)*… avec à proximité un centre commercial, des écoles, un stade, un golf, un casino et une centrale électrique pour alimenter tout ça… Quant au nombre de pelles, s'il faut vous le dire tout de suite, euh… moi je dirais quatre ! Faut serrer les budgets, sinon…

Robert - Bien sûr, sinon c'est la gabegie. Quelle bonne idée cette zone portuaire ! En plus ça vous aidera à exporter vos bananes.

Jacques - Quelles bananes ?

Robert - Vos bananes ! Cent cinquante hectares, dirigés par un ancien de Monte Cassino unijambiste.

Jacques - Ah oui ! Les bananes ! Excusez-moi, on a tellement d'activités à Bouchon…

Nicolas - Les bananes, les moutons, les veaux, les vaches…

Jacques - Eh oui ! Ça fait du boulot. Il a bien fallu remplacer les cache-pot.

Robert - Vous faisiez des cache-pot ?

Jacques - Oui, les célèbres cache-pot de Bouchon. Mais c'est fini tout ça. Les gens ne cachent plus leurs pots.

Robert - Hélas, l'époque est à la transparence. Néanmoins, à Bruxelles, nous sommes un peu inquiets.

Jacques - Pourquoi ?

Robert - La délinquance… Vous avez une délinquance en progression constante dans la région.

Jacques - Oh… Progression constante…

Robert - On a doublé vos subventions cette année.

Nicolas - C'est pas tellement qu'ils soient nombreux, mais ils sont très organisés.

Robert - Attention… Méfiez-vous : une délinquance trop importante ça peut faire capoter un projet intéressant de zone portuaire. Ce serait dommage ! Trois cent cinquante kilomètres du littoral, c'est un atout majeur, ne le gâchez pas.

Jacques - Écoutez, faites-moi confiance. Si vous débloquez les crédits, je me charge d'éradiquer de façon définitive la délinquance à Bouchon.

Robert - Là, vous me surprenez !

Jacques - Du jour au lendemain, il n'y aura plus une seule vitrine de cassée à Bouchon. Je vous en donne ma parole.

Robert - Bien… Évidemment, tout ça nécessite quelques conditions.

Jacques - Évidemment.

Robert - Je dois m'assurer de la viabilité économique de la région.

Jacques - La viabilité ?

Robert - Oui… Rien de bien méchant, une petite vérification de routine.

Nicolas - Qu'est-ce que vous allez vérifier ?

Robert *(très vite)* - Il me faut les comptes d'exploitation des troupeaux d'ovins et de bovins depuis 84. Il me faut la courbe de progression du taux de rendement à l'hectare des exploitations céréalières. Le calcul de la CSG non déductible engendrée par les bénéfices de l'exploitation de l'élevage porcin, CSG non payée par vous depuis cinq ans. Mais c'est sans doute un oubli ?

Jacques - Un oubli, un oubli…

Robert - Et il me faut également le décompte de la taxe à l'exportation portée depuis six mois à un point quatre-vingt-trois au lieu des un point quatre-vingts. Mais vous avez dû être prévenu par courrier, je suppose.

Jacques - Sans doute, oui. Par courrier, oui. Il vous faut ça pour quand ?

Robert - Ça peut attendre… un petit quart d'heure… ou alors…

Jacques - Ou alors ?

Robert - Ou alors on va faire un tour dans la bananeraie et à mon avis on sera tout de suite fixé.

Jacques - Mais volontiers. Allons-y. *(Il va vers le plant de bananier.)*

Robert - On y va ?

Jacques - On y est !

Robert regarde le bananier.

Robert - Ah… Oui…

Jacques - C'est un début.

Robert - Je vois.

Jacques - Prometteur ! Vous voyez cette petite pousse, là ? Eh bien, elle n'était pas là hier.

Robert - Je ne me rends pas compte.

Jacques - C'est normal, vous n'étiez pas là hier… Regardez, ça fait déjà de l'ombre… *(Il passe son doigt sous une pousse d'un millimètre et demi.)* Il fait plus frais en dessous.

Robert *(imitant Jacques)* - Oh oui ! On a presque envie de s'y installer. Mais alors, ces cent cinquante hectares ?

Jacques - Cent cinquante ou deux cents, on n'est pas limité par l'espace ici.

Robert - Certes, mais pour l'instant vous n'avez que ça ?

Jacques - On se lance !

Robert - Je vois. Parce que là, à tout casser, vous avez quoi ?

Les deux jaugent le pot de fleur.

Jacques - Je dirais vingt centimètres carrés…

Robert - … pour cent cinquante hectares subventionnés.

Jacques - Je reconnais que je suis allé un peu vite. Il y a eu une sorte de frénésie de la banane à Bouchon, on s'est laissé emporter.

Robert - D'autant que les experts les plus compétents en agronomie prétendent, mais vous connaissez les experts…

Jacques *(complice)* - Oh là là ! Oui…

Robert - … prétendent que la banane pousse plus généralement entre le tropique du Cancer et celui du Capricorne. Ils peuvent aussi se tromper.

Jacques - Ça arrive.

Robert - Néanmoins, la pratique tend à démontrer qu'aucune banane n'a jamais poussé au-delà de ces deux tropiques.

Jacques - Même en intérieur ?

Robert - Même en intérieur !

Jacques - En intérieur, arrosée par Odette ?

Robert - Jacques… Je peux vous appeler Jacques ?

Jacques - C'est mon nom !

Robert - Je trouve votre attitude admirable !

JACQUES - Ah! c'est vrai que c'est un peu téméraire, la banane à Bouchon, mais enfin, que voulez-vous... On est enthousiastes, c'est notre force!

ROBERT - J'en ai vu des fraudeurs, mais des acharnés comme vous, jamais!

JACQUES - Pardon?

ROBERT - Je pense qu'il est inutile d'aller voir les cinq cents têtes de bétail, on ne les trouverait pas.

JACQUES - Comment, « on ne les trouverait pas »? Elles y sont, mais... vous tombez mal, c'est l'époque de la transhumance!

ROBERT - Jacques... Jacques... On ne les trouverait pas?

JACQUES - Mais, enfin, qu'est-ce que vous insinuez? Nicolas, dis-lui...

NICOLAS *(embarrassé)* - Il y en a peut-être pas cinq cents...

JACQUES - Ah! peut-être pas exactement cinq cents! Oh là là! C'est vivant un troupeau, ça fluctue... Ça va, ça vient, il y en a qui sont mutées, d'autres qui... prennent leur retraite... *(À Robert.)* Un peu comme chez vous...

Robert ne s'adresse plus qu'à Nicolas.

ROBERT *(très calme)* - Nicolas... On ne les trouverait pas.

Nicolas capitule et fait « non » de la tête.

JACQUES - Nicolas!

ROBERT *(toujours à Nicolas)* - Les délinquants non plus. *(Nicolas fait encore « non » de la tête.)* Alors qui casse les vitrines? *(Nicolas désigne Jacques du regard.)* C'est lui? *(Nicolas opine du chef.)* L'unijambiste de Monte Cassino aussi?

JACQUES - Non! Odette, ma secrétaire, une femme d'un courage inouï!

ROBERT - L'école ?

JACQUES - Mon frère...

ROBERT *(saluant Nicolas)* - Monsieur...

NICOLAS - Monsieur...

ROBERT - Bref, vous n'avez rien.

JACQUES - Non. Rien.

ROBERT - À part des dettes...

JACQUES - Ah bon ?

ROBERT - Vous êtes conscient qu'il va falloir rembourser toutes ces subventions indûment perçues ? Sans compter l'amende.

NICOLAS - Il y aura une amende ?

ROBERT - Pour fraude, oui.

JACQUES - Fraude ! Vous exagérez ! Personne n'a jamais chercher à vous tromper, ici.

Odette, habillée en militaire unijambiste, une béquille sous le bras et un béret sur la tête, fait une entrée tonitruante.

ODETTE *(prenant une voix d'homme)* - Nom de Dieu ! Je reviens de la bananeraie, c'est la chienlit !

JACQUES - Merci Odette.

ODETTE *(même jeu)* - De rien !

Odette ressort aussi vite qu'elle est entrée.

ROBERT - Une énorme amende.

NOIR

SCÈNE 3

Jacques est seul. Entrée de Nicolas.

NICOLAS - Il est où Flapi ?

JACQUES - À côté. Il fait les comptes.

Odette entre. Elle cherche des papiers.

ODETTE - On est foutus ! Cette fois on est foutus !

JACQUES - À cause de toi !

NICOLAS - Comment ça ?

JACQUES - Tu lui as tout balancé !

NICOLAS - Tu plaisantes, Jacques ?

JACQUES - Il n'y voyait que du feu ! Il ne se rendait compte de rien !

ODETTE - Ah bon ?

JACQUES - Mais évidemment ! Il allait signer la zone portuaire et la bananeraie ! Et il a fallu que tu t'effondres comme une lope !

ODETTE - Vous êtes une lope, Nicolas !

NICOLAS - Non, pas avec moi, Jacques ! Me prends pas pour un con !

JACQUES - Tu as toujours manqué de nerfs ! Du cran, mon garçon, du cran !

NICOLAS - Mais avant de venir ici il savait déjà qu'on était des fraudeurs !

ODETTE - La lope a raison…

NICOLAS - Bien sûr que la lope a raison ! Il est pas venu pour la sortie d'autoroute, il est venu pour nous coincer !

ODETTE - On s'est fait avoir ! Par des Belges ! Des Belges de Strasbourg !

NICOLAS - Les pires. Il faut fuir pendant qu'il en est encore temps.

JACQUES - Un petit contretemps et tu paniques, toi ! Tu veux aller où ?

NICOLAS - Je sais pas, dans le Larzac.

ODETTE - Vous ne vous habituerez jamais à la foule.

JACQUES - Pourquoi tu veux partir ? T'as peur ?

NICOLAS - Mais enfin, Jacques, on risque la prison !

JACQUES - C'est pas qu'on risque, on va y aller si on ne réagit pas !

NICOLAS - Et c'est quoi ton idée ?

JACQUES - Je vais trouver…

Jacques sort.

NICOLAS - Vas-y ! Va réfléchir, moi je fais mes valises.

Robert entre.

ROBERT - Alors, résumons-nous. Pas une seule tête de bétail… L'école : un cancre de trente-cinq ans encore en CM1… Et la bananeraie : un pot, vingt centimètres carrés… Et encore, vous vous êtes fait avoir par le fleuriste, à mon avis c'est un caoutchouc… Ça relève du pénal tout ça… Vous avez ce que je vous ai demandé, Odette ?

ODETTE - Oui… Voilà les subventions de 84 à 93, extorquées à la Culture, concernant notre festival annuel de théâtre de rue…

ROBERT - Théâtre de rue ? Mais vous n'avez pas de rues ! *(À Nicolas.)* Encore en culottes courtes ?

NICOLAS - Oui, j'ai pas pu me résigner… J'ai pas osé dire aux trois autres gamins que l'école allait fermer.

Robert - Vous voulez que je le fasse ? Ça ne me dérange pas.

Nicolas - De pauvres enfants malades, rachitiques, chétifs et à jamais incultes ! J'ai pas pu leur refuser un dernier ballon prisonnier.

Robert - Avec ce que vous avez détourné, vous aurez tout le temps d'y jouer, au ballon prisonnier... Si on vous donne un ballon...

Nicolas - J'emporterai celui-là.

Robert *(désignant le ballon)* - Vous avez la facture du ballon, Odette ?

Odette *(fouillant un dossier)* - Bien sûr, elle est là, nous l'avons acheté avec la subvention du stade olympique.

Robert *(lui faisant signe de lui rendre le ballon)* - Tss tss tss... Alors il est à moi !

Nicolas *(dépité)* - Pff... *(Il le lui lance.)*

Robert se saisit du ballon et le tient bien serré sur sa hanche pendant qu'il continue, imperturbable, ses calculs.

Odette - Vous êtes un justicier, en fait...

Robert - Oui.

Odette - Une sorte de Zorro.

Robert - Si on veut.

Odette - Un Zorro de Strasbourg.

Robert - Plutôt de Bruxelles.

Nicolas - Zorro, tu parles ! Vous êtes le fonctionnaire borné dans toute sa splendeur.

Robert - Aussi, oui !

Nicolas - Rigide, obsessionnel, tatillon, méticuleux... Vous êtes vraiment tous les mêmes...

Robert - On a essayé, figurez-vous, on a essayé un temps d'humaniser les contrôles. On a recruté des jeunes sympas, ouverts, compréhensifs, à l'écoute des fraudeurs. Et puis on s'est rendu compte que c'était moins efficace. Alors on est revenu à la bonne vieille méthode : le fonctionnaire borné. Il y a une profonde antinomie entre convivialité et contrôle financier… C'est curieux, mais c'est comme ça. *(Un temps. Il continue son addition, impressionné par le total.)* Dites-moi, juste comme ça, par simple curiosité, il est passé où l'argent ? Vous devez être richissime avec ce que vous avez détourné.

Odette - Non… Il reste rien.

Robert - Me prenez pas pour un imbécile. C'est où ? En Suisse ?

Odette - Mais non ! M. le maire est très honnête, il a tout redistribué.

Robert - Au Luxembourg ?

Nicolas - Non ! Aux Bouchonnais ! Pendant des années, Jacques a rétribué les Bouchonnais.

Robert - Pour quoi faire ?

Odette - Pour qu'ils restent. Pour sauver le village. Et puis les habitants en ont demandé toujours plus et M. le maire n'a pas pu suivre, alors beaucoup sont partis.

Robert - Et vous, vous êtes restée ?

Odette - Oui, je suis une femme fidèle…

Robert - C'est une grande qualité, Odette… Donc, de toutes ces subventions détournées, il ne reste rien ?

Odette - Rien.

Robert - J'ai du mal à le croire.

ODETTE - Il faut dire que c'est de plus en plus difficile d'obtenir des subventions… Avant, il suffisait de remplir un formulaire, même sur un coup de fil parfois, on nous envoyait de l'argent.

ROBERT - Ah bon ?

ODETTE - Oui… Maintenant, c'est impossible ! Il faut remplir des tas de papiers, faire plein de dossiers… Ça, les fonctionnaires de Bruxelles ont bien compliqué les choses.

ROBERT - Oui, on a tué le petit commerce en quelque sorte…

ODETTE - Exactement !

ROBERT - Bon, écoutez, Odette, laissez-moi tout ça, je vais regarder…

NICOLAS - Qu'est-ce qui va nous arriver ? La prison ?

ROBERT - Je le crains… À moins que…

NICOLAS - À moins que quoi ?

ROBERT *(sans lever le nez de ses papiers)* - Cinquante-cinquante.

NICOLAS - Pardon ?

ROBERT - Cinquante-cinquante !

NICOLAS - Cinquante-cinquante… C'est-à-dire ?

ROBERT - Vous m'avez bien compris, cinquante-cinquante.

ODETTE - C'est un jeu ! Vingt-quatre, trois cent dix-huit !

ROBERT - Le magot ! Tout ce que vous avez mis de côté ! On fait cinquante-cinquante… Je m'adresse à vous parce que vous avez l'air plus raisonnable que votre frère.

Nicolas réfléchit.

NICOLAS - C'est de la corruption ?

Robert - Chut!... Pas trop fort...

Odette - On en est où? C'est à qui de jouer?

Nicolas - Mais c'est une excellente idée, Robert.

Robert - Ah! je le savais! Il y a donc bien quelque chose!

Nicolas - Et comment! Donc si on partage on va pas en prison?

Robert - Vous avez tout compris!

Nicolas - Tope là!

Ils « topent ».

Robert - Je peux vous faire une confidence?

Nicolas - C'est le moment.

Robert - J'ai toujours rêvé de me faire corrompre.

Odette - Moi aussi...

Robert - Trente ans d'une carrière sans tache, vous vous rendez compte?

Nicolas - Non.

Robert - Oh! bien sûr, je resquille parfois...

Nicolas - Vous prenez dans la caisse?

Robert - Non!... À la cantine... Je prends deux entrées.

Nicolas - Deux entrées?

Robert - Oui.

Nicolas - Au lieu d'une?

Robert - Oui.

Nicolas - Vous entendez ça, Odette? Deux entrées!

Odette - Ça me donne des frissons partout…

Nicolas - C'est du Al Capone, ça, Robert…

Robert - Vous croyez ?

Nicolas - Mais évidemment ! Deux entrées, moi j'appelle ça du grand banditisme !

Robert - J'ai fait tous les postes : la commission, le parlement… J'ai été rapporteur, commissaire… Enfin, tout. Il ne me manque plus que la corruption.

Nicolas - Vous êtes arrivé à un niveau de carrière où il est temps d'y songer, bien sûr…

Robert - Je crois aussi.

Nicolas - Eh bien, rassurez-vous : c'est fait !

Entrée de Jacques.

Jacques *(furieux)* - Alors, elle avance cette addition ?

Nicolas - Jacques… Robert et moi avons trouvé un terrain d'entente.

Jacques - Quoi ? T'es pas à l'école, toi ?

Robert - Jacques, je suis un homme compréhensif, je suis prêt à faire preuve d'une certaine souplesse…

Jacques - C'est-à-dire ?

Robert - Si vous me donnez la moitié du magot, je ferme les yeux sur les détournements et je fais un rapport favorable à ma hiérarchie.

Nicolas - T'entends ça, Jacques ? Un rapport favorable à sa hiérarchie !

Jacques - Quel magot ? De quoi il parle ?

Nicolas - Ce qu'on a détourné, les subventions.

Jacques - On n'a rien !

Nicolas - Justement, on lui en donne la moitié.

Jacques - Mais ça s'appelle de la corruption !

Nicolas - C'est marrant ça, c'est exactement ce qu'on disait avant que tu arrives !

Jacques réfléchit.

Jacques - C'est sérieux ?

Nicolas - On peut y aller… Il prend deux entrées au lieu d'une à la cantine, alors, tu sais, il a déjà mis le bras jusque-là, hein…

Jacques - Je suis consterné !

Nicolas - Quoi ?

Jacques - Je suis consterné. Vous nous prenez pour qui ?

Robert - Pour des fraudeurs qui avez détourné des millions à la Communauté européenne !

Jacques - Exactement ! Et vous croyez que ça vous donne le droit de nous traiter comme des malhonnêtes ?

Nicolas - Ben, oui, évidemment que ça lui donne le droit.

Robert - Vous n'allez quand même pas refuser ! C'est suicidaire !

Jacques - Quelle honte ! Un fonctionnaire, payé avec NOS impôts !

Nicolas - Là, tu vas loin Jacques !

Jacques - Et je ne compte pas m'arrêter là !

Robert - Donc vous refusez ?

Nicolas - Non, on réfléchit, on réfléchit, Robert… *(À Jacques.)* On va tous finir en taule !

Robert - Dans ce cas, je continue mon contrôle !

Jacques - Mais vas-y ! Continue !

Nicolas - Non ! Robert, attendez…

Jacques - Laisse !… C'est quoi ce chiffre ?

Robert - Une estimation de ce que vous avez détourné comme aide à la production céréalière.

Jacques - Mais c'est deux fois plus ! Qu'est-ce que c'est que ce montant ridicule ? On n'est pas des mendiants ! Pour qui vous nous prenez ?

Robert - Si vous le dites, je le double !

Jacques - Allez-y ! Doublez, triplez ! Et puis surtout foutez-moi le camp !

Nicolas *(à Robert)* - Ça va s'arranger, c'est bien parti…

Robert réunit ses papiers.

Robert - Bonne journée, messieurs !… Odette…

Robert sort.

Nicolas - Tu viens de gâcher notre dernière chance ! Ce type rêve de se faire corrompre…

Odette - Comme moi !

Nicolas - C'était la seule façon de s'en sortir !

Jacques - Et le village, t'en fais quoi ? Moi je ne veux pas que Bouchon meure. On va continuer de se battre !

Odette - Dans quel but ?

Jacques - Odette, je vous reconnais plus. Vous, la secrétaire du maire, la « first lady » du Bouchonnais, vous renoncez ? Moi, je ne démissionne pas. Je tiendrai parole. Mon ambition en tant que maire c'est de dire un jour aux Bouchonnais en les regardant bien droit dans les yeux : « Vous êtes tous désenclavés ! »

Nicolas - Tu es complètement malade !

Jacques - J'ai bien réfléchi, on n'a pas encore utilisé tous nos atouts.

Nicolas - C'est quoi nos atouts ? Des marais infestés de moustiques, une route en sable, une cabine téléphonique qui sert de salle polyvalente…

Jacques - Ça fait déjà trois ! Il y a tout à faire ici.

Nicolas - Ça je te le confirme.

Jacques - Ma grande idée, c'est l'indépendance ! On va réclamer notre indépendance !

Odette - Un État Bouchon ?

Jacques - Un État Bouchon ! Odette a compris.

Odette - J'ai compris ?

Nicolas - Un État Bouchon ?

Jacques - Oui, on va faire comme tout le monde : on va revendiquer une identité culturelle, des traditions, des racines.

Nicolas - On n'a rien de tout ça. On n'a pas de racines.

Jacques - Qu'est-ce que t'en sais ? On ne les voit pas, c'est le principe des racines. On peut inventer ce qu'on veut.

Nicolas - Et les dettes, l'amende, la prison ?

Jacques - Mais enfin, Nicolas ! Mais même Odette a compris !

Odette - Ah bon ?

Jacques - On est un nouveau pays ! Tous les compteurs sont à zéro ! On est indépendants, on ne doit rien à personne.

Nicolas - C'est Robert qui va être surpris.

JACQUES - Mais je comptais bien le prévenir. Il est où ?

ODETTE - Dehors. On dirait qu'il fait un relevé topographique.

JACQUES - Pourquoi ?

NICOLAS - On touche des subventions pour zone montagneuse. Il vérifie la hauteur des sommets environnants.

JACQUES - Il aurait dû me demander. *(Il se met à la fenêtre et crie à Robert.)* Flapi !… Point culminant de Bouchon : trois mètres cinquante ! C'est le tas de fumier là-bas ! Et si tu montes dessus, tu seras le premier, tu peux planter un drapeau !

NOIR

SCÈNE 4

C'est le soir. Il fait nuit.
Odette et Nicolas sont sur le départ, avec leurs bagages.
On entend au loin des hurlements de loup.
Odette est inquiète.

NICOLAS - Il y a des loups, maintenant, à Bouchon ?

ODETTE - Non, c'est Robert… Flapi qui s'est perdu, il ne retrouve pas le chemin du retour… *(On entend des hurlements.)* Je lui avais laissé un peu de nourriture à la lisière du bois… Ce matin, il n'y avait plus rien.

Entrée énergique de Jacques, valise en main.

Jacques - Bon ! Tout le monde est là ? *(On entend d'autres hurlements. Il s'adresse à Robert.)* Il est toujours là, lui ? File ! C'est tout droit !

Odette *(compatissante)* - Pauvre bête…

Jacques - Ah ! mes amis ! Mes amis… Vous sentez comme moi le vent de la liberté qui souffle à nouveau sur Bouchon ? *(Odette et Nicolas font « non » de la tête.)* L'éclipse fut longue, le rayonnement n'en sera que plus puissant.

Odette - On va où ?

Jacques - Bruxelles ! Le cœur de l'Europe.

Nicolas - Pour quoi faire ?

Jacques - Plaider notre cause. Faire de Bouchon un nouvel état membre ! La vingt-huitième nation… ou vingt-neuf, je sais pas, ça change tout le temps.

Nicolas - Bouchon nouvel état membre, peut-on parler d'élargissement ?

Jacques - Ensuite New York ! À l'ONU ! Pour crier au monde : « Vive la République ! Vive le Bouchonnais libre et indépendant ! »

Nicolas - Ils vont être surpris à New York !

Jacques - Et comme toute nation qui se respecte, nous nous devions d'avoir… *(Il déroule un rectangle de tissu blanc avec un trou découpé au centre. Il le tient à hauteur de sa tête, son visage s'inscrivant parfaitement dans le trou.)* Ça !… Qu'est-ce que vous en pensez ?

Odette - Qu'est-ce que c'est ?

Jacques - Le drapeau ! L'emblème de Bouchon !

Odette - Souriez pour voir.

Jacques déplace le drapeau.

JACQUES - Mais non ! C'est le trou qu'il faut voir. C'est un drapeau avec un trou… Vous avez compris ?

ODETTE - Ah ! à cause des mites !

JACQUES - Non.

NICOLAS - Plus facile à repasser ?

JACQUES - Mais non, enfin. Bouchon, c'est quoi ?

NICOLAS - Un trou !

JACQUES - Exactement ! C'est chez nous.

Ils comprennent.

ODETTE - Ah… On est dans la symbolique !

JACQUES - Imaginez tous ces trous qui flotteront bientôt sur le toit des ambassades bouchonnes, partout dans le monde !

NICOLAS - Et les petits fanions troués sur les voitures officielles !

JACQUES - Et notre siège au conseil de sécurité de l'ONU, avec une plaque sur le bureau marquée : United States of Bouchon !

ODETTE - Vous croyez qu'on aura une oreillette ?

JACQUES - Dix, mille, bien plus que vous n'avez d'oreilles ! Les chefs d'État viendront en visite officielle à Bouchon, ils seront fiers d'affirmer : « Ich bin ein Bouchonneure ! »

ODETTE - Il faut élire un Président.

JACQUES - Odette a raison ! C'est ça qu'ils vont nous demander. Il faut élire un Président ! Je propose que le Président soit élu démocratiquement au suffrage universel. Commençons tout de suite. Qui se présente ?

Jacques et Nicolas lèvent la main.

JACQUES *(réprobateur)* - Nicolas !

NICOLAS *(baissant sa main)* - Pardon…

JACQUES - Qui vote pour moi ? *(Jacques et Odette lèvent le bras, mais pas Nicolas. Il prend un ton réprobateur.)* Nicolas !

NICOLAS - Pardon… *(Il lève le bras à son tour.)*

JACQUES - Bien. Je suis déclaré à l'unanimité président de la République Bouchonne. On avance, c'est bien. Je nomme Nicolas Premier ministre… T'avais rien de prévu dans les mois qui viennent ?

NICOLAS - Non, mais…

JACQUES - Mais quoi ?

NICOLAS - C'est peut-être au-dessus de mes capacités. Je suis encore en CM1. Les Premiers ministres, ça fait des grandes écoles, souvent, non ?

JACQUES - Écoute, il y a bien des gamins qui sautent des classes ; on dira que t'as sauté l'ENA… Odette…

ODETTE - Oui, monsieur le Président ?

JACQUES - Avez-vous des notions de survie en terrain hostile ?

ODETTE - J'habite Bouchon depuis quarante ans.

JACQUES - Parfait. Je vous nomme chef des armées.

ODETTE - C'est trop, monsieur le Président.

JACQUES - Mais Odette, c'est normal, vous avez été majorette. Vous avez le sens de la synchronisation et de la discipline. Comme tout bon militaire, vous êtes rompue aux marches forcées en mini-jupe, un bâton dans les mains.

NICOLAS - Excuse-moi, Jacques. Un petit détail : tu es élu pour combien de temps comme Président ? Non, parce que ta campagne a été assez rapide et il y a plusieurs points qui n'ont pas été éclaircis.

Jacques - Parlons-en tout de suite, il n'y a pas de problème. Vu les circonstances particulières dans lesquelles se trouve la nation bouchonne, je propose que le Président reste en place au moins jusqu'aux prochaines élections.

Les deux acquiescent.

Odette - Vous entendez ?

Nicolas - Quoi ?

Odette - Vous entendez ? Plus rien... Robert est parti... Il est parti rejoindre sa meute de fonctionnaires... C'est fort, l'atavisme, quand même.

Ils sortent de scène pendant que la lumière se fait sur le nouveau décor...

SCÈNE 5

Bruxelles. Un grand bureau. Des drapeaux européens couvrent les murs.
Odette et Nicolas attendent dans une grande salle de réunion.
Nicolas porte un cartable à dos.

Odette - Vous vous rendez compte, Nicolas ? Bruxelles ! On est à Bruxelles ! Le centre névralgique de l'Europe ! On est au cœur de l'intelligence humaine, ici. C'est de là que partent toutes les décisions.

Nicolas - D'où ?

Odette - De là, de là, de là... de partout. C'est un feu d'artifice permanent. Écoutez ! Écoutez... Vous entendez ? On les entend penser...

Nicolas et Odette tendent l'oreille.

NICOLAS - Ça fait le même bruit que s'il n'y avait personne.

ODETTE - Exactement ! *(Elle prend un document épais comme un bottin de téléphone.)* Vous savez ce que c'est ça ? Quinze ans de négociations, douze sommets internationaux, cinq G7, six G8, quatre G9 !

NICOLAS - Coulé !

ODETTE - C'est le code de réglementation qui définit le diamètre des crêpes européennes !

NICOLAS - Il y a une crêpe européenne maintenant ?

ODETTE - Évidemment ! Vous ne voulez tout de même pas que chacun fasse des crêpes de son côté, non ? Et bientôt, tout sera européen. Vous connaissez leur grand projet ?

NICOLAS - Non.

ODETTE - La pointure des chaussures. Tous les européens devront faire du quarante.

NICOLAS - Même les femmes ?

ODETTE - Évidemment ! Vous êtes pour l'égalité homme-femme ?

NICOLAS - Est-ce que j'ai le choix ?

ODETTE - Non ! L'Europe c'est le continent de la liberté, Nicolas. Tout le monde devra mesurer un mètre soixante-dix-neuf et chausser du quarante !

Jacques entre, passablement énervé.

JACQUES - Qu'est-ce qu'il fout, Flapi ? Il va nous recevoir ou quoi ? Qu'est-ce que ça veut dire de faire attendre comme ça un chef d'État ? C'est scandaleux ! Ça m'étonnerait que le président des États-Unis piétine dans le couloir quand il vient à Bruxelles.

ODETTE - C'est pour nous humilier.

Nicolas - Estimons-nous heureux de ne pas être en prison. Tout ce qui retarde la mise en examen pour détournement de subventions est bienvenu. C'est pas une mauvaise idée finalement, ton histoire d'indépendance. Ça peut durer des années.

Jacques - Comment des années ? Moi je repars d'ici avec les honneurs, salué comme un chef d'État par la Communauté internationale...

Robert entre dans le bureau.

Robert - C'est à nous !

Jacques *(tout sourire)* - Ah ! tout de même ! Permettez ? *(Il attrape la main de Robert.)*

Odette tend le drapeau derrière eux. Ils se serrent la main. Nicolas photographie la scène. Jacques est face à l'objectif, toutes dents dehors, comme pour une photo officielle.

Robert - Qu'est-ce que vous faites ?

Jacques - C'est pour la presse ! J'immortalise ma première visite officielle en tant que président de Bouchon.

Robert - Vous allez vite en besogne. Si vous croyez qu'on va vous accorder l'indépendance comme ça... J'espère que vous avez un bon dossier.

Jacques - En béton !

Robert - On va voir ça. Installez-vous. *(Ils s'assoient. Il ouvre son dossier et prend un stylo.)* Alors... Pour réclamer son indépendance, il faut pouvoir justifier de traditions séculaires, d'une histoire, d'un patrimoine. Avez-vous des particularismes régionaux ?

Nicolas - C'est-à-dire ?

Robert - Des particularismes régionaux... Comment vous expliquer ça ?... Par exemple, en Méditerranée, il y a une île qui réclame aussi son indépendance. Eh bien, vous savez quelle est la tradition là-bas ?

Nicolas - Non.

Robert - Mitrailler une gendarmerie en mangeant du saucisson d'âne. Ça c'est un particularisme régional.

Jacques - Puis-je vous poser une question, monsieur Flapi ?

Robert - Je vous en prie.

Jacques - Avez-vous déjà entendu parler de l'exception culturelle bouchonnaise ?

Robert - L'exception culturelle bouchonnaise ?

Jacques - Oui.

Robert - Non, j'avoue que…

Jacques - Eh bien, c'est très regrettable, mon cher monsieur. Moi je ne mets pas en avant quelques fantaisies locales, je vous parle d'une civilisation qui va disparaître si on n'y prend garde. Une civilisation avec un drapeau. Regardez !

Il montre le drapeau.

Robert - Vous êtes une région à mites ?

Jacques - Non.

Robert - Alors il est pas fini ?

Jacques - Si !

Nicolas - C'est le drapeau de Bouchon.

Robert - Un drapeau. Je note. Cette civilisation dont vous parlez, elle a laissé des traces ?

Jacques - Un folklore d'une richesse inouïe !

Robert - Ah oui ?

Jacques - Oui...

Un temps.

Robert - Un exemple, peut-être...

Jacques - Mais bien sûr... Odette, la danse !

Odette - Quelle danse ?

Jacques - La danse, Odette ! La danse folklorique que nous dansons tous les ans à la saint Bouchon, voyons !

Odette - À la saint Bouchon ?

Jacques - Oui, Odette ! Ne vous faites pas prier.

Odette - Ah... D'accord... Ça s'appelle le...

Jacques - Le « bouchon-bouchon » ! *(À Robert.)* Elle est tendue, elle est nerveuse, c'est normal...

Odette monte sur la table et entame une danse étrange.
Tout le monde la regarde. Jacques lance des regards complices à Robert comme pour dire : « C'est bien, hein ? » Robert est impassible.
Odette arrête de danser dans un silence de mort.

Jacques -Alors, on la signe où cette indépendance ?

Robert - Une danse. Je note. Vous avez un hymne ?

Jacques - Un hymne ? Si on a un hymne ? Nicolas !

Nicolas - Oh non !

Jacques - Il demande si on a un hymne !

Nicolas - Il faut lui dire que non.

Jacques - Ah ! ah ! Vas-y, on t'écoute.

Un long silence. Nicolas, pétrifié, ne bouge pas.

ROBERT - Ça a commencé ?

JACQUES - Oui… Le chant est précédé par un long moment d'émotion… Tous les petits Bouchonnais l'apprennent à l'école… Une grande chorale à la fin de l'année, c'est très beau.

NICOLAS - « Quand Bouchon s'éveillera
De l'aube au soir on entendra
Chanter le chant de la victoire
Et enfin renaîtra l'espoir. »

JACQUES - Voilà !

NICOLAS - Attends, il y a une deuxième strophe.

JACQUES *(en confiance)* - Il y a une deuxième strophe ?

NICOLAS *(se levant, transporté par son propre lyrisme)* - Maintenant qu'on est là, on va lui faire l'hymne en entier, non ?
« Ô Bouchonnais, Ô cœur ardent
Ôôôôô Bouchonnais, que tu es grand… »

Un temps.

JACQUES - On la chante moins souvent, la deuxième strophe.

ROBERT - Un hymne. Je note. La langue nationale, c'est quoi à Bouchon ?

JACQUES - La langue nationale ?… Mais c'est le…

ODETTE - Le bouchonnais !

JACQUES - Le bouchonnais !

ROBERT - Vous pouvez me parler bouchonnais, pour voir ?

JACQUES - Si vous voulez… C'est très proche du français, mais par exemple, quand on cherche quelqu'un, chez nous, il y a une formule consacrée. On dit : « Où es-tu ? »

Robert - « Où es-tu ? »

Jacques - Oui, exactement. L'accent est très bon.

Robert - « Où es-tu », comme en français ?

Jacques - Oui, seulement plus personne ne sait que cette expression vient de Bouchon.

Nicolas - Quand l'eau tombe des nuages, chez nous on dit, c'est assez beau, on dit : « Il pleut. »

Jacques - C'est poétique, non ?

Robert - C'est du français, ça aussi.

Jacques - Le nombre d'expressions que le français a emprunté au bouchonnais ! Je ne m'en rendais même pas compte.

Nicolas - Oh là là !

Robert - Cette civilisation bouchonne dont vous me parlez, elle a laissé des traces ?

Jacques - Robert, en ce moment, là, pendant qu'on se parle vous et moi, des millions d'êtres humains dans le monde utilisent une invention bouchonne, une invention qui date de l'Antiquité.

Robert - L'escroquerie ?

Jacques - Non. Le portable.

Robert - Le téléphone portable est Bouchonnais ?

Jacques - Le principe du portable. En l'an 486, un moine bouchonnais invente le premier objet qu'on porte en permanence sur soi.

Robert - Et c'est ?

Jacques - Nicolas ?

Nicolas - La moustache !

Jacques - Alors, bien sûr, après il y a eu des progrès techniques successifs pour arriver jusqu'au téléphone, mais l'idée de l'objet portable était née.

Robert - C'est incroyable qu'on ne le sache pas.

Jacques - À quoi bon ? On ne va pas réclamer des royalties sur chaque moustache. Mais c'est vrai que quand je vois un moine moustachu au téléphone, je suis assez fier d'être Bouchonnais.

Robert - Hum... hum... Bien, je crois que j'ai tout ce qu'il me faut.

Nicolas - C'est tout ? C'est fini ?

Odette - Félicitations, monsieur le Président !

Jacques - Ça y est ? Je suis Président ? *(Un temps.)* Il faudrait qu'on se dépêche un tout petit peu parce qu'on a un avion pour New York, là...

Robert - Ne me prenez pas pour un imbécile. Vous demandez cette indépendance pour éviter de payer la dette colossale à l'Union européenne.

Jacques - Mais pas du tout ! Le Bouchonnais a sa fierté et...

Robert - Le Bouchonnais n'a rien du tout ! Enfin, si, il a des dettes et il paiera jusqu'au dernier centime. Faites-moi confiance.

Jacques - Mais bordel ! Qu'est-ce qu'il faut pour être indépendant ?

Robert - Du temps, de l'obstination et du courage ! On ne décide pas du jour au lendemain de son indépendance. Songez à ces peuples qui ont lutté pendant des siècles, songez aux morts, aux sacrifices que cela suppose. Vous n'avez aucune chance ! Aucune, vous m'entendez ?

Jacques - Il est à l'aise ici, il en menait moins large sur le tas de fumier.

ROBERT - L'indépendance, mon cher monsieur, ne peut être le caprice d'un escroc. Vous insultez Gandhi, vous insultez Jefferson !

NICOLAS - Mais on sait même pas qui c'est !

JACQUES - Pour la dernière fois, sommes-nous oui ou non indépendants ?

ROBERT - Indépendants ? Jamais !

JACQUES - Plan B !

NICOLAS - Quoi ?

JACQUES - On passe au plan B !

NICOLAS - Il y avait un plan A ?

NOIR

SCÈNE 6

Dans le noir, des flashs crépitent. On entend le bruit des appareils photos. Les éclairs des flashs laissent apercevoir des silhouettes inquiétantes. La lumière monte.
Odette, Jacques et Nicolas sont assis face au public. Derrière eux, un grand drapeau de Bouchon a remplacé le drapeau européen. Ils ont tous les trois un cache-pot retourné sur la tête en guise de cagoule. Deux trous sont percés à la place des yeux.
C'est une conférence de presse.

Jacques - Si nous apparaissons aujourd'hui en cache-pot devant vous, c'est pour affirmer la volonté de tous les Bouchonnais de demeurer libres et indépendants. En effet, depuis plusieurs siècles, l'État colonialiste se refuse à reconnaître notre identité nationale pourtant ancrée dans une tradition plusieurs fois séculaire. Notre culture a été systématiquement bafouée, boycottée, méprisée par un État tyran dont la légitimité n'est plus reconnue à ce jour. En conséquence de quoi, nous proclamons le Bouchonnais libre et indépendant, représenté dorénavant par ce drapeau qui se trouve derrière moi. Il est fini et nous ne sommes pas une région à mites…

Nicolas - Nous avons également un hymne… de deux strophes.

Odette - Et une danse locale.

Jacques - Notre détermination est sans faille. Nous retenons en otage Robert Flapi, haut fonctionnaire européen et ennemi de la culture bouchonne. Pour vous prouver que nous disons vrai, voici sa carte de cantine dont il ne se sépare que sous la contrainte. Nous exigeons une reconnaissance immédiate de l'État Bouchon en échange de la libération de notre otage. C'était un communiqué du gouvernement de la République Bouchonne. Quelque chose à rajouter ? *(Il tourne son cache-pot vers Nicolas.)*

Nicolas *(tournant son cache-pot vers Jacques)* - Vive Bouchon !

Jacques *(même jeu vers Odette)* - Odette ?… Odette ?

Odette tourne le visage mais le cache-pot reste fixe.

Odette - Vous pouvez me remettre les trous en face des yeux ?

Jacques *(face)* - Bon… Vive le Bouchon libre !

NOIR

SCÈNE 7

De nouveau à Bouchon. Jacques est seul. On frappe à la porte.

JACQUES - Qui est-ce ?

Nicolas ouvre la porte.

NICOLAS - Comment ça, « qui est-ce » ? Tu te fous de moi ?

JACQUES - Quoi de neuf ?

NICOLAS - Quoi de neuf ? Le village est vide, on n'est plus que tous les deux. On n'a plus d'argent, plus rien à bouffer, on va crever la gueule ouverte !

JACQUES - Oh ! tu es sombre, toi, aujourd'hui, alors que c'est un jour béni !

NICOLAS - Ah bon ?

JACQUES - Mais oui ! C'est le jour de la fête de l'Indépendance ! Déjà un an !

NICOLAS - Déjà un an ! C'est pour ça que j'ai si faim !

JACQUES - Moi aussi j'ai été surpris par cette indépendance. Quand j'ai menacé Flapi de lui découper sa carte de cantine, il a signé ! C'est un lâche ! Qu'est-ce que j'y peux ? Les choses sont allées un peu plus rapidement que nous le pensions, mais c'est une chance ! On n'a plus de subventions peut-être, mais on n'a plus de dettes ! Et surtout on est libres !

NICOLAS - Ça nous sert à quoi d'être libres ?

JACQUES - Bon, je te l'accorde nous avons quelques problèmes d'intendance. Mais c'est le fardeau des gens audacieux et entreprenants.

Nicolas - Je suis ni audacieux ni entreprenant.

Jacques - Mais enfin, Nicolas ! Partout dans le monde, Bouchon est devenu le symbole de la liberté. On est une référence pour tous ceux qui souhaitent obtenir leur indépendance. Il y a même des groupuscules indépendantistes qui portent notre nom : « Bouchon Libré », « Sur le sentier du Bouchon lumineux », « Bouchonna Nazione ». T'es pas fier ? Tu ne ressens rien ?

Nicolas - Si !

Jacques - Ah !

Nicolas - J'ai faim !

Jacques - Ingrat ! Toi, mon frère, toi qui me dois tout, sache que c'est moi qui vais une fois de plus nous sortir de l'impasse…

Nicolas - … dans laquelle tu nous as mis.

Jacques - Aujourd'hui, fête de l'Indépendance, je vais faire de Bouchon un paradis fiscal. Dorénavant, tous les Bouchonnais sont exonérés d'impôts.

Nicolas - Tu oublies de dire qu'ils sont exonérés de revenus.

Jacques - Il y a eu le Rocher de Monaco, il y aura désormais le Trou de Bouchon. Tu as préparé le feu d'artifice ?

Nicolas - J'ai un briquet. *(Il actionne un briquet.)*

Jacques - Pas mal ! Et pour le bouquet final ?

Nicolas - Non, mais tu crois vraiment que les Bouchonnais vont revenir ?

Jacques - J'en suis intimement convaincu ! D'ici quelques minutes, ils vont frapper à cette porte, envahir ce bureau et crier : « Vive Bouchon ! Vive l'Indépendance ! » *(On frappe à la porte.)* Entre, Peuple Bouchon !

Odette ouvre, une valise à la main.

NICOLAS - Odette ? Mais qu'est-ce que vous faites là ?

Jacques sort pour s'assurer qu'elle est seule.

ODETTE - Ils m'ont virée de l'ONU !

JACQUES - Virée de l'ONU ?

NICOLAS - Pourquoi ? Qu'est-ce que vous avez fait ?

ODETTE - J'ai été distraite au moment de voter une résolution importante et j'ai voté n'importe quoi...

JACQUES - Distraite par quoi ?

ODETTE - Une visite... Robert est passé me voir.

NICOLAS - Pour quoi faire ?

ODETTE - Pour me corrompre... enfin.

JACQUES - Ah ! le petit salaud !

ODETTE - J'étais émue, j'ai voté n'importe quoi. Ça a déclenché une engueulade terrible... Je me suis fait virer.

NICOLAS *(à Jacques)* - On aurait jamais dû la laisser seule à New York.

JACQUES - C'est très regrettable !

ODETTE - Je suis navrée...

JACQUES - On se doit d'affirmer notre présence au sein de la communauté internationale !

ODETTE - Je suis quand même contente d'être rentrée...

JACQUES - « Welcome home », Odette !

NICOLAS - Bon, alors, qu'est-ce qu'on fait ? On est indépendants, sans aucune ressource, au ban des Nations, et surtout il est l'heure de déjeuner.

JACQUES - Il a faim. Et vous Odette ?

ODETTE - Un petit creux, oui.

JACQUES - Eh bien, le premier devoir d'un chef d'État est de nourrir son peuple !

NICOLAS - Tu nous emmènes au restaurant ?

Jacques prend le téléphone et compose un numéro.

JACQUES *(au téléphone)* - Allô ! L'Union européenne ? (…) Je voudrais le service de l'aide humanitaire, s'il vous plaît… (…) Pour le président de Bouchon… (…) Bouchon ! (…) Bouchon comme un bouchon, oui… (…) Merci…

NICOLAS - Tu te rends compte ? Ça va faire date : on est le premier paradis fiscal qui demande l'aide humanitaire !

JACQUES *(au téléphone)* - Oui, c'est le président de Bouchon à l'appareil. C'est pour une commande de largage de nourriture…

ODETTE *(glissant dans l'oreille de Jacques)* - S'ils font des pizzas, je veux bien une quatre fromages.

JACQUES *(à Odette)* - Attendez, Odette. *(Au téléphone.)* Pardon ? (…) Des vaccins ? Oui, pourquoi pas. Qu'est-ce que vous avez comme vaccins ? (…) Choléra, dysenterie, fièvre jaune… Odette, ils font une promo sur les vaccins.

ODETTE - Moi, dysenterie, je veux bien…

JACQUES - Nicolas ?

NICOLAS - Je sais pas… Choléra.

ODETTE - Avec des glaçons ce sera peut-être bon.

JACQUES *(au téléphone)* - Et en nourriture, vous avez quoi ?

ODETTE - Demandez s'il font chinois.

JACQUES *(à Odette)* - Oui, ils font chinois ! C'est riz ou riz.

ODETTE - Alors riz !

JACQUES *(au téléphone)* - Du riz, alors, ça ira très bien... (...) On est trois ! (...) Non, pas trois millions, trois... (...) Comment, c'est pas assez ? (...) On a très très faim, d'un autre côté... (...) Mais il faut être combien pour avoir droit à l'aide humanitaire ? (...) Ah ! d'accord... (...) On n'a pas tout ça, non... Bon, ben, écoutez je vous remercie madame... *(Il raccroche.)*

NICOLAS - Alors ?

JACQUES - Non !

NICOLAS - Comment, non ?

JACQUES - On n'aura rien... À moins d'avoir une guerre civile, une famine ou un génocide...

NICOLAS - De toute façon, j'aime pas le riz.

JACQUES - Ah bon ! Tu voulais quoi ?

NICOLAS - Je sais pas...

JACQUES - Un Bordeaux 95, une galantine de foie gras et une petite noisette d'agneau ?

NICOLAS - Ouais ! Il n'y a pas de dessert ?

JACQUES - Comment, « il n'y a pas de dessert » ? Mais l'aide humanitaire parachute des petits soufflés au chocolat délicieux. Ils les font chauffer dans l'avion, ils tournent au-dessus en attendant que tu aies fini ton fromage, ils les larguent et ça arrive pile à la bonne température... Non, mais tu te fous de moi ? Tu penses qu'à ton ventre ! Bouchon, tu t'en fous !

> *La porte s'ouvre violemment. Robert Flapi apparaît, totalement éberlué, un casque sur la tête, des lunettes et un parachute ventral. Il traîne un parachute ouvert derrière lui.*

ROBERT - Ils m'ont largué !... Quelqu'un pour décrocher cette saloperie !

Odette le libère.

ODETTE - Robert ! Vous auriez dû nous prévenir.

ROBERT - Vous ne m'avez pas entendu ? J'ai hurlé pendant toute la descente.

JACQUES - Qu'est-ce qui nous vaut l'honneur, monsieur le corrompu ? On n'a pas détourné de subventions, on n'en touche plus.

ROBERT - Ah ! je vous en prie, hein ! Vous n'auriez pas quelque chose à boire ?

ODETTE - On a commandé des vaccins.

ROBERT - Oh ! ça va mal ici ! Quand on commence à picoler les vaccins, c'est qu'il n'y a plus grand-chose. C'est le fiasco, cette indépendance, hein ?

JACQUES - Pas du tout ! On est très heureux.

NICOLAS - On est mourants.

JACQUES - Vous nous dérangez, monsieur Flapi ! C'est la fête de l'Indépendance et toutes les administrations bouchonnes sont fermées.

ROBERT - Je ne serai pas long. Je suis venu vous prévenir que L'ONU vous en veut énormément. À cause de vous, la planète est dans une situation politique inextricable. En votant la résolution du Soudan, Odette a placé les Balkans sous protectorat israélien. Du coup, un conflit turco-belge est imminent.

JACQUES - Dites donc, c'est aussi à cause de vous ! Qui est-ce qui est venu déranger Odette pendant le vote ?

ODETTE - Je leur ai tout dit…

ROBERT - Oui… C'est un peu de ma faute, c'est pour ça que je suis venu vous le dire moi-même… Sans compter que maintenant tout le monde réclame son indépendance et tout le monde l'obtient.

NICOLAS - Fallait pas nous la donner.

ROBERT - On ne touche pas à ma carte de cantine !

ODETTE - Vive la liberté !

ROBERT - Oui, c'est ce qu'ils disent tous au début et puis après ils sont comme vous : ils crèvent de faim !

JACQUES - Bon, Robert… C'est notre fête nationale. En tant que Président, j'ai des obligations, et là vous retardez le protocole.

ROBERT - Oh ! je suis absolument désolé !… Je vous laisse… À propos, j'oubliais : vous êtes exclus de l'Europe !

JACQUES - Quoi ?

ROBERT - Oui, c'est nouveau. C'est une procédure de rétrécissement de l'Europe. Vous n'appartenez plus à personne. Désormais, il faut vous prendre en charge.

JACQUES - Ça veut dire quoi ?

ROBERT - Ça veut dire régler la dette au plus vite et ne plus compter que sur vous-même.

NICOLAS - C'est impossible, on va crever !

ROBERT - Il vous reste toujours la possibilité d'émigrer. Si vous trouvez un pays d'accueil… j'en doute fort avec la mauvaise presse que vous avez…

JACQUES - Non, mais attendez, Robert, ça veut dire qu'on est foutus !

ROBERT - Foutus !

JACQUES - On est foutus !

NICOLAS - Ah non ! Non, pas de défaitisme, Jacques ! Je peux pas te laisser dire ça. Rappelle-toi d'où on vient. On vivait tranquillement, on faisait comme tout le monde, on bouffait des subventions, j'étais à l'école, j'allais passer en CM2 ; et il a fallu que tu demandes une sortie d'autoroute, une zone portuaire, l'indépendance et l'aide humanitaire. Grâce à ta redoutable efficacité, on est allés inexorablement du haut vers le bas.

Jacques - Tu as raison de faire le bilan. Des erreurs ont été commises, il faut les réparer.

Nicolas - Ah! quand même!

Jacques - Nous allons déclarer la guerre!

Robert - Déclarer la guerre? Mais à qui?

Jacques - À tous les ennemis de Bouchon!

Robert - Ça vous laisse le choix.

Jacques - Amis Bouchonnais, compatriotes, prêtez-moi l'oreille! Nous allons réclamer la Dépendance!

Nicolas - La…

Jacques - La Dépendance, Nicolas! Depuis trop longtemps la terre bouchonne vit dans l'isolement. L'heure n'est plus au repli frileux sur soi-même, la notion d'État est dépassée! Sois multiculturel, pluriethnique. Métisse-toi! Bouge ta vie! Bouchon doit se fondre dans ce grand mouvement planétaire. Le Bouchonnais est devenu un citoyen du monde!

Odette - Nous allons faire la guerre, monsieur le Président?

Jacques - Oui, Odette.

Odette - C'est à moi de jouer. Le destin m'appelle!

Jacques - Nous allons faire la guerre courageusement, la perdre rapidement, et se faire annexer humblement par les vainqueurs. L'ère de la liberté prend fin, soumettons-nous et rebouchons les trous!

NOIR

SCÈNE 8

Odette, Jacques et Nicolas sont en scène. Jacques est à la fenêtre avec des jumelles.

JACQUES - C'est formidable... Extraordinaire... On est complètement encerclés.

NICOLAS - Ils sont nombreux ?

JACQUES - Quatre divisions d'infanterie et trois divisions blindées. Ils ont mis le paquet, c'est parfait... Pas d'aviation, je suis déçu. Bon ! Réunion d'état-major.

ODETTE - On fait ça ici ou dans le blockhaus ?

JACQUES - Ici, on ne tiendra jamais à trois dans le placard. Laissez-moi vous exposer ma tactique. Vous êtes tous conscients que les forces sont inégales. C'est pourquoi nous ne risquons pas la victoire. Néanmoins, sauvons l'honneur de Bouchon et battons-nous dignement.

NICOLAS - Comment ?

JACQUES - J'y viens ! Devant l'évidente disproportion des forces, j'ai fait le choix tactique de la guérilla. Maintenant, que nécessite une guérilla ?... Odette ?

ODETTE - Une fanfare.

JACQUES - Nicolas ?

NICOLAS - Du riz, du poulet, chorizo, calamar...

JACQUES - Une guérilla, Nicolas ! Pas une paella ! Une guérilla !

NICOLAS - Ah ! je sais pas, j'en ai jamais mangé !

Jacques - La guérilla exige de la mobilité et un grand art du camouflage. C'est pourquoi nous profiterons de la moindre motte de terre, du moindre arbuste pour nous cacher, surgir et surprendre l'ennemi.

La porte s'entrouvre, juste assez pour laisser passer un drapeau blanc qu'une main agite.

Odette - Ils se rendent. On a gagné !

Jacques - Parlez pas de malheur.

Robert *(off)* - Ne tirez pas. C'est moi.

Robert entre.

Jacques - Encore vous ?

Robert - Ils m'ont nommé médiateur.

Jacques - Les lâches ! Ils veulent négocier ?

Pendant tout cet échange, Odette, qui a pris le drapeau blanc, y découpe un cercle à l'intérieur.

Robert - Non. J'applique la procédure avant l'assaut : je viens vous demander une dernière fois votre reddition. Sans condition, bien entendu.

Jacques - Jamais ! Les Bouchonnais ne se sont jamais rendus sans combattre !

Robert - Très bien, j'enregistre donc votre refus et j'en fais part immédiatement aux militaires qui sont sur le palier. Dès lors, l'opération « Tempête du Trou » peut commencer.

Odette - Tenez, votre drapeau.

Robert - Merci ! C'est peut-être la dernière fois que nous nous voyons.

ODETTE - Je sais, Robert. Mais je suis Bouchonnaise avant tout ! *(Elle lui rend le drapeau blanc dans lequel elle a découpé un grand cercle.)*

Robert sort. L'instant est solennel.

JACQUES - Ça y est ! L'heure est venue de faire face à notre destin. Battons-nous vaillamment et vendons chèrement notre peau afin que l'ennemi soit fier de nous annexer... Odette ?

ODETTE - Monsieur le Président ?

JACQUES - Je ne saurais vous exprimer toute ma gratitude. Votre dévotion au service de la patrie a été sans faille. Et je ne doute pas qu'aujourd'hui vous prouverez encore votre courage en passant la première.

ODETTE - C'est un honneur, monsieur le Président.

JACQUES - Mon frère...

NICOLAS - Jacques...

JACQUES - Nous n'avons pas toujours été d'accord, j'ai fait des erreurs, je le reconnais, mais ta fidélité à Bouchon te vaut tout mon amour.

NICOLAS - Merci. Tu as été lamentable en tout : maire, Président, stratège, mais tu restes mon grand frère que j'aime.

Ils s'embrassent.

JACQUES - Merci... J'imagine que tu saisiras l'occasion de prouver une fois encore ta lâcheté en passant le dernier ?

NICOLAS - J'allais te le demander.

JACQUES - Ce qui me place tout naturellement au milieu de vous, comme je l'ai toujours été. Bien, si tout le monde est prêt, camarades, allons faire la guerre.

Ils sortent. La scène est vide. Au bout de trois secondes, ils reviennent. Il n'y a plus aucune solennité.

JACQUES - Bon, d'un autre côté, c'était perdu d'avance.

NICOLAS - Dis donc, t'as vu le matériel qu'ils ont ?

JACQUES - C'est là qu'on voit que ça se prépare, une guerre. À mon avis, on était légers.

NICOLAS - En matériel, c'est sûr.

JACQUES - En nombre aussi.

NICOLAS - En nombre, on le savait.

ODETTE - C'est impressionnant de faire la guerre. Ça n'a rien à voir avec un défilé de majorettes, rien.

JACQUES - Bon, pour l'instant tout se passe comme prévu. On va signer un armistice et après on va attendre tranquillement notre annexion.

Robert entre avec précaution.

ROBERT - Euh… excusez-moi, les militaires demandent si vous pourriez refaire un assaut, il y a des troupes derrière qui n'ont rien vu.

JACQUES - Non, non, c'est terminé, la nation bouchonne est à genou. Annexez-nous et qu'on en finisse.

ROBERT - Dans ce cas, il faut commencer par signer l'armistice.

JACQUES - Très bien, je signe. *(Il signe sans lire.)* La conférence de paix est à quelle heure ?

NICOLAS - Et qu'est-ce qui est prévu ? Des plateaux-repas, ou c'est un self ?

ROBERT - Il n'y a pas de conférence de paix.

Nicolas - Ah bon! On dîne tout de suite alors…

Jacques - Comment, pas de conférence de paix? Et l'annexion?

Robert - Aucune annexion n'est prévue. En tout cas, personne n'en a fait la demande parmi les Alliés.

Jacques - Mais à qui on appartient?

Robert - Mais… à personne. Et de plus les frais du conflit sont à votre charge, ce qui quintuple votre dette à l'Union européenne.

Jacques - Je ne suis pas d'accord.

Robert - Vous venez de le signer.

Nicolas - Vous voulez dire qu'on a pris tous ces risques pour rien?

Robert - Oh! pas pour rien, je vous rassure! C'est pas souvent que les militaires ont l'occasion de rigoler autant.

Abattement complet des Bouchonnais.

Jacques - Là… là, mes amis, là… j'ai une bonne nouvelle pour vous : j'abandonne, je m'effondre, je renonce.

Odette - Oh non! Pas vous, monsieur le Président! Vous n'avez pas le droit! Pas le droit!

Robert - Odette a raison. C'est décevant comme attitude.

Nicolas - Moi je suis avec toi, Jacques. Il était temps que tu t'arrêtes.

Un long temps.

Robert - Alors? Vous n'avez pas de plan C?

Odette - Je vous en prie, Robert.

Robert - D, peut-être ?

Odette - Arrêtez ! Vous ne voyez pas que cet homme souffre ?

Robert - Dommage… Juste au moment où il avait l'occasion de sortir de l'impasse, c'est trop bête !

Odette - Mais comment ? Ils refusent l'annexion. On n'est plus qu'une nation vaincue, endettée, sans ressources.

Robert - C'est justement ça votre chance.

Odette - Robert, vous allez nous aider.

Robert - Curieusement, oui. Car malgré moi, lorsque je vous ai vu dans l'escalier, les bras en l'air, au milieu des rires qui crépitaient, vous avez forcé mon admiration.

Jacques - Il se fout de nous…

Robert - Non, non, Jacques, votre obstination est digne d'un Gandhi, d'un Jefferson. Vous faites partie des grands, des plus grands. Relevez-vous, saisissez cette main que je vous tends.

Nicolas - C'est très émouvant, mais c'est quoi votre idée ?

Robert - Demander une aide à la reconstruction.

Jacques - Un plan Marshall ?

Robert - Un plan Flapi ! Et croyez-moi, il y en a de l'argent pour ça. Il n'y a pas eu de guerre mondiale depuis 45. C'est vous dire s'ils s'ennuient dans ce service.

Jacques - Vous nous aideriez ?

Robert - Oui, pour Bouchon !… Et pour Odette.

Odette - Robert, je crois que c'est le moment de vous le dire… Je suis enceinte !

Robert - De qui ?

Odette - De vous, Robert ! De qui d'autre ?

Robert - Mais pourquoi ne m'avoir rien dit ?

Odette - Je n'étais pas sûre, c'est la première fois que ça m'arrive !

Jacques - Mais c'est une merveilleuse nouvelle ! Nous allons repeupler Bouchon !

Odette - Si c'est un garçon, nous l'appellerons Jacques.

Jacques - Et si c'est une fille ?

Odette - Nicolas !

Robert - Il faudra déclarer des quintuplés pour avoir les allocations familiales maximum.

Jacques - Vous êtes un vrai Bouchonnais ! Je vous embrasse. Voulez-vous être des nôtres ?

Robert - C'est toujours un paradis fiscal ?

Jacques - Toujours !

Robert - Alors j'ouvre un compte.

Jacques - Vous avez dans mon cœur un crédit illimité, Robert. Odette, un passeport pour monsieur.

Odette - C'est ma première naturalisation ! *(Elle lui donne un passeport troué.)*

Nicolas - Attendez, attendez, ça ne peut pas marcher votre plan. Pour obtenir une aide à la reconstruction, il faut des ruines et des réfugiés.

Robert - Et alors ? Où est le problème ?

Jacques réfléchit un moment.

Jacques - Il a raison!... Mais bien sûr, il a raison! *(Il attrape sa batte de base-ball.)* Cassez tout, mes amis! Tout ce que vous pouvez!

Robert - Et vive Bouchon!

Tous - Vive Bouchon!

Ils commencent à tout casser...

NOIR

AVIS IMPORTANT

Cette pièce de théâtre fait partie du répertoire de la Société des Auteurs et Compositeurs Dramatiques, 11 bis rue Ballu 75442 PARIS Cedex 09. Tél. : 01 40 23 44 44. Elle ne peut donc être jouée sans l'autorisation de cette société.

Nous conseillons d'en faire la demande avant de commencer les répétitions.

ATTENTION

Aux termes du Code de la propriété intellectuelle, toute reproduction ou représentation, intégrale ou partielle de la présente publication, faite par quelque procédé que ce soit (reprographie, microfilmage, scannérisation, numérisation...) sans le consentement de l'éditeur est illicite (article L. 122-4 du Code de la propriété intellectuelle) et constitue une contrefaçon sanctionnée par les articles L. 335-2 et suivants du même Code.

3e trimestre 2006
Première édition, dépôt légal : juillet 2006
N° d'édition : 200648
ISBN : 2-84422-537-3